Une gouvernante épatante

De la même auteure chez Québec Amérique

Jeunesse

L'albatros et la mésange, Hors collection, 2019.
La Vérité sur les vraies princesses, coll. Albums, 2012.
Ta voix dans la nuit, coll. Titan, 2001.

SÉRIE ALEXIS
7 titres parmi lesquels :
Valentine picotée, coll. Bilbo, 1998 ; nouvelle édition, 2019.
Toto la brute, coll. Bilbo, 1998 ; nouvelle édition, 2019.
Marie la chipie, coll. Bilbo, 1997 ; nouvelle édition, 2019.

SÉRIE CHARLOTTE
Une infirmière du tonnerre, Hors collection, 2018.
Une gouvernante épatante, coll. Bilbo, 2009 ; nouvelle édition, 2018.
La Fabuleuse Entraîneuse, coll. Bilbo, 2007 ; nouvelle édition, 2017.
L'Étonnante Concierge, coll. Bilbo, 2005 ; nouvelle édition, 2017.
Une drôle de ministre, coll. Bilbo, 2001 ; nouvelle édition, 2016.
Une bien curieuse factrice, coll. Bilbo, 1999 ; nouvelle édition, 2015.
La Mystérieuse Bibliothécaire, coll. Bilbo, 1997 ; nouvelle édition, 2015.
La Nouvelle Maîtresse, coll. Bilbo, 1994 ; nouvelle édition, 2015.

La Nouvelle Maîtresse, Livre-Disque, 2007.

SÉRIE JACOB JOBIN
La Grande Quête de Jacob Jobin, Tome 3 – La Pierre bleue, coll. Tous Continents, 2010.
La Grande Quête de Jacob Jobin, Tome 2 – Les Trois Vœux, coll. Tous Continents, 2009.
La Grande Quête de Jacob Jobin, Tome 1 – L'Élu, coll. Tous Continents, 2008.

SÉRIE MARIE-LUNE
Pour rallumer les étoiles – Partie 2, coll. Titan +, 2009.
Pour rallumer les étoiles – Partie 1, coll. Titan +, 2009.
Un hiver de tourmente, coll. Titan, 1998.
Ils dansent dans la tempête, coll. Titan, 1994.
Les grands sapins ne meurent pas, coll. Titan, 1993.

SÉRIE MAÏNA
Maïna, Tome II – Au pays de Natak, coll. Titan +, 1997.
Maïna, Tome I – L'Appel des loups, coll. Titan +, 1997.

Adulte

L'albatros et la mésange, coll. Littérature d'Amérique, 2020.
Mon fol amour, coll. Tous Continents, 2017.
Chronique d'un cancer ordinaire – Ma vie avec Igor, Hors collection, 2014.
Pour que tienne la terre, coll. Tous Continents, 2013.
Là où la mer commence, coll. Tous Continents, 2011.
Au bonheur de lire, Comment donner le goût de lire à son enfant de 0 à 8 ans, coll. Dossiers et Documents, 2009.
Pour rallumer les étoiles, coll. Tous Continents, 2006.
Le Pari, coll. Tous Continents, 1999 ; nouvelle édition en format de poche, coll. Nomades, 2016.
Maïna, coll. Tous Continents, 1997 ; nouvelle édition, 2014.
Marie-Tempête, coll. Tous Continents, 1997.
La Bibliothèque des enfants, Des trésors pour les 0 à 9 ans, coll. Explorations, 1995.
Du Petit Poucet au Dernier des raisins, coll. Explorations, 1994.

DOMINIQUE DEMERS

Illustrations de Fabio Pellegrino

Une gouvernante épatante

PALMARÈS COMMUNICATION-JEUNESSE DES LIVRES PRÉFÉRÉS DES JEUNES
LIVROMANIE 2003, 1RE POSITION

Québec Amérique

Projet dirigé par Stéphanie Durand, éditrice

Conception graphique et mise en pages : Nathalie Caron,
Claudia Mc Arthur et Nicolas Ménard
Correction d'épreuves : Isabelle Pauzé
Illustrations : Fabio Pellegrino

Québec Amérique
7240, rue Saint-Hubert
Montréal (Québec) Canada H2R 2N1
Téléphone : 514 499-3000, télécopieur : 514 499-3010

Nous reconnaissons l'aide financière du gouvernement du Canada.

Nous remercions le Conseil des arts du Canada de son soutien.
We acknowledge the support of the Canada Council for the Arts.

Nous tenons également à remercier la SODEC pour son appui financier.
Gouvernement du Québec – Programme de crédit d'impôt pour l'édition de livres – Gestion SODEC.

Canada | Conseil des arts du Canada | Canada Council for the Arts | SODEC Québec

Catalogage avant publication de Bibliothèque et Archives nationales du Québec et Bibliothèque et Archives Canada

Demers, Dominique
Une gouvernante épatante
Nouvelle édition avec illustrations intérieures.
Édition originale : c2010.
Pour les jeunes.
ISBN 978-2-7644-3492-5
I. Pellegrino, Fabio. II. Titre.
PS8557.E468G68 2018 jC843'.54 C2017-942221-9
PS9557.E468G68 2018

Dépôt légal, Bibliothèque et Archives nationales du Québec, 2018
Dépôt légal, Bibliothèque et Archives du Canada, 2018

quebec-amerique.com

Réimpression : novembre 2020

Imprimé en Chine

Aux enfants de l'École
du Carrefour-des-Lacs
à Saint-Lin

1

Sorcière ou fée ?

— Cinquième candidate : Mademoiselle Charlotte, a annoncé notre majordome, l'air *hautain* et le ton **narquois**.

Maman n'a rien vu parce qu'elle consultait son agenda électronique. Moi, par contre, j'ai été témoin d'une scène étonnante.

Pendant que Monsieur Bousille la présentait, Mademoiselle Charlotte a fait une grimace dans son dos. Une vraie grimace, **langue sortie et tout !** Si ma mère avait levé les yeux de son agenda à ce moment-là, la cinquième candidate n'aurait jamais obtenu le poste de gouvernante.

Mademoiselle Charlotte est grande, maigre et plutôt VIEILLE. Elle porte une longue robe bleue à l'ancienne et elle est coiffée d'un immense chapeau noir, un peu comme un chapeau de sorcière, mais avec une petite bosse ronde au lieu d'un bout pointu sur le dessus.

Je savais que ma mère, Doris Dégourdy, n'aimait aucune des quatre candidates que nous avions rencontrées jusque-là. De l'avis de maman, la première manquait de savoir-vivre, la deuxième d'initiative, la troisième d'intelligence et la quatrième de jugement.

J'étais persuadé que maman trouverait cette Mademoiselle Charlotte bien trop bizarre. Mais lorsque Doris Dégourdy s'est décidée à la regarder, Mademoiselle Charlotte lui a adressé un sourire tellement LUMINEUX que maman n'a pu s'empêcher de sourire à son tour.

La candidate numéro cinq a très bien répondu aux questions d'entrevue. Elle disait adorer aussi bien les enfants que les adolescents et accorder beaucoup d'importance à la lecture. Elle avait déjà enseigné et elle avait été bibliothécaire en plus.

Maman était *enchantée*. Elle allait poursuivre avec d'autres questions lorsque son cellulaire a émis un son particulier.

C'était le signal d'**URGENCE** du Centre de radioastronomie où elle travaille.

— Je dois malheureusement vous quitter, s'est excusée maman. Mon fils Alexandre, que j'initie présentement à l'art de l'entrevue, poursuivra la conversation avec vous.

Dès que la porte du grand salon s'est refermée derrière ma mère, Mademoiselle

Charlotte a poussé un **gros soupir** de soulagement.

— *Ouffff ! Je suis contente d'être enfin seule avec toi, Alexandre*, m'a-t-elle confié, les yeux brillants. *Je veux tout savoir, maintenant ! Parle-moi de tes rêves, tes idées, tes projets, tes secrets...*

J'étais bouche bée. Jamais une gouvernante ne m'avait parlé de cette manière.

Le sourire de Mademoiselle Charlotte s'est éteint. Elle semblait très déçue par mon manque d'enthousiasme.

— *Tu préfères peut-être la dame qui s'est présentée juste avant moi ?*

C'est dommage… Nous aurions du plaisir ensemble !

J'ai cru bon d'apporter quelques explications.

— Mes parents cherchent une gouvernante pour superviser l'éducation de leurs quatre enfants : Marie, Albert, Didi et moi. Notre gouvernante doit veiller à ce que nous accomplissions tout ce que nos parents attendent de nous.

Mademoiselle Charlotte a paru HORRIFIÉE.

— À votre avis, une gouvernante, ça fait… quoi ? lui ai-je demandé.

— *Les autres, je ne sais pas… Moi…*

Mademoiselle Charlotte a jeté un regard à gauche puis à droite comme pour s'assurer que personne ne nous espionnait.

— *J'ajoute du spling dans la vie des enfants !*

J'allais l'interroger sur la définition de ce mot lorsque maman est réapparue.

— **FAUSSE ALARME !** a-t-elle déclaré. Pardonnez-moi cette interruption.

Doris Dégourdy, astrophysicienne réputée, épouse d'Hubert Humbert, génie en électronique de renommée mondiale, s'est alors tournée vers moi :

— Que proposes-tu, Alexandre ? Crois-tu que Mademoiselle Charlotte vous ferait une *bonne gouvernante* ? Tes frères et sœurs seraient-ils d'accord ?

J'étais bien embêté. Mademoiselle Charlotte me plaisait énormément et je savais que Marie, Albert et Didi l'aimeraient eux aussi. Mais j'étais **persuadé** que maman n'approuverait pas sa vision du rôle de gouvernante.

Ma mère me regardait. Je ne voulais pas la décevoir. Mademoiselle Charlotte m'observait aussi. J'avais très envie qu'elle reste.

— Préfères-tu que Mademoiselle Charlotte se retire afin que nous discutions ? a suggéré maman.

Il s'est alors produit quelque chose de tout à fait inusité. Mon regard a croisé celui de Mademoiselle Charlotte et c'est comme si j'avais été hypnotisé !

— Je crois que Mademoiselle Charlotte serait une parfaite gouvernante, me suis-je entendu répondre.

Les mots étaient sortis de ma bouche sans que je réfléchisse.

À cet instant précis, j'ai pensé que cette Mademoiselle Charlotte était peut-être un peu sorcière… ou fée !

Le pire, c'est que je n'avais pas tout à fait tort.

2

Un parfum de pissenlit

Tous les mercredis, à 18 h 30 **PILE**, mon père, Hubert Humbert, nous donne des cours de physique électronique. Ce soir-là, à 18 h 59, comme d'habitude, il avait terminé son exposé.

— Chers enfants, je vous remercie de votre attention et je vous souhaite une très agréable soirée, a-t-il dit.

Mon père nous parle toujours comme ça. C'est un grand *savant*, un peu loin des enfants.

Sitôt papa parti, Monsieur Bousille, notre majordome, nous a informés que nos parents recevaient «*de très distingués invités*» en soirée. Normalement, dans ces cas-là, nous prenons notre repas en compagnie de Mademoiselle Anastasie, notre cuisinière. Malheureusement, elle a congé le mercredi et Basile Bousille a décidé de la remplacer.

Notre majordome est DÉTESTABLE. Alors que nos parents sont sévères parce qu'ils croient que c'est bon pour nous, Bousille est sans pitié, juste pour nous embêter.

C'est un **HYPOCRITE** ! Devant nos parents, il est toujours plus gentil que lorsqu'il est seul avec nous. Ma sœur Marie, qui est l'aînée de la famille, l'a rebaptisé Fesses Pincées, parce qu'il marche le corps raide comme un piquet.

Dès que Fesses Pincées nous a eu quittés, Didi, ma sœur de cinq ans, s'est jetée sur moi :

— Je veux savoir ! Elle est comment ?

— Bof ! On s'en fout ! a protesté Marie.

— De toute façon, que notre gouvernante soit jeune ou vieille, belle ou laide, drôle ou pas, ça ne changera rien à notre horaire, a fait remarquer Albert, mon jeune frère.

Lui, c'est le *bolé* de la famille. S'il existait des machines pour mesurer l'intelligence, il les ferait exploser tellement il est brillant. Albert est le seul à ne pas trop souffrir des exigences de nos parents. Et le seul à ressembler au personnage célèbre à qui il doit son prénom : **Albert Einstein**, le plus grand génie scientifique du siècle dernier.

Je n'ai rien pu ajouter parce que Fesses Pincées est venu nous avertir que le repas était servi.

Notre majordome a attaqué son foie de pintade au céleri sans même nous souhaiter bon appétit. Didi faisait pitié. Elle avait envie de pleurer parce qu'elle déteste le foie de pintade. Elle dit que ça goûte la crotte de poule. Je n'ai jamais mangé de crotte de poule, mais je crois qu'elle a raison.

Je mastiquais lentement ma première bouchée lorsque Mademoiselle Charlotte est arrivée. On aurait dit qu'un **RAYON DE SOLEIL** déguisé en ouragan venait d'entrer dans la cuisine.

— *Bonjour, tout le monde!* s'est-elle exclamée en faisant une révérence comique suivie d'une pirouette encore plus hilarante.

Fesses Pincées s'est levé, outré.

— Je vous ai remis votre horaire, Mademoiselle. Ce soir, vous dînez avec les domestiques, lui a-t-il rappelé.

— Bien sûr, Monsieur Fesses... euh... pardon... Monsieur Bousille. Je suis seulement venue vous avertir qu'il se passe quelque chose d'inquiétant à l'étage, tout près de votre chambre.

Fesses Pincées s'est précipité hors de la pièce. Mademoiselle Charlotte nous a adressé un **clin d'œil** espiègle et, de l'index, elle a désigné nos assiettes. Puis, elle est repartie.

— Elle veut qu'on regarde sous notre assiette, a expliqué Didi en soulevant la sienne.

Ma sœur avait bien deviné. Nous avions tous un petit carton d'invitation :

Didi a reniflé le carton.

— C’est parfumé. Ça sent le pissenlit ! a-t-elle déclaré.

— Elle est folle ou quoi ? a demandé Albert en me dévisageant.

— Pffffttt ! a répondu Marie. On s’en fout, non ?

Moi, en tout cas, je ne m’en fichais pas. Je trouvais notre nouvelle gouvernante pas mal épatante.

3

Confidences et crapoutis

Nous avons profité de l'absence de Fesses Pincées pour jeter nos foies de pintade à la poubelle.

À son retour, notre majordome était **FURIEUX** : la toilette de sa chambre avait mystérieusement débordé ! Nous avons avalé notre flan au riz

blanc sans discuter, puis nous nous sommes éclipsés dans nos chambres pour fuir sa mauvaise humeur.

Il a fallu attendre la tournée de nos parents avant de monter au grenier. Tous les soirs, Doris Dégourdy et Hubert Humbert accordent un peu de temps à leurs enfants. L'activité dure exactement seize minutes : quatre enfants fois quatre minutes. Nos parents sont très occupés.

Ils commencent par Didi et terminent avec Marie. Ils nous félicitent pour nos bons coups, mentionnent nos comportements moins brillants, puis nous souhaitent « bonne nuit » avant de déposer un baiser sur notre front.

À 20 h 50, c'était terminé. J'ai attendu trois minutes avant d'aller frapper à la porte de Didi puis à celle d'Albert qu'il a fallu arracher à son livre de microbiologie. Marie ne voulait pas venir. J'ai dû promettre de l'aider à vider son assiette la prochaine fois qu'il y aurait du lapin au menu pour qu'elle accepte de nous suivre.

Je me demandais ce que Mademoiselle Charlotte pouvait bien fabriquer au grenier. C'est un grand débarras où mes parents entassent des vieilleries. Des skis de bois ayant appartenu à leurs parents, des chaises brisées, des lampes à réparer... Tout ce qui est rangé là finit par être oublié.

Didi a poussé un CRi de ravissement en ouvrant la porte. Le grenier était éclairé par un nombre inouï de bougies. C'était très joli.

Mademoiselle Charlotte avait installé cinq couverts dépareillés sur une grande nappe fleurie. Dans chaque assiette, il y avait **trois boulettes** de la taille d'une balle de ping-pong. J'en ai déduit que ça devait être des crapoutis.

Notre nouvelle gouvernante n'a même pas jeté un regard vers nous. Elle semblait trop occupée… à parler. Pourtant, à part nous, il n'y avait personne au grenier !

— *Tu as hâte de les rencontrer, hein, ma belle Gertrude ?*
murmurait Mademoiselle

Charlotte à un objet dans sa main. *Bien sûr qu'ils sont gentils... Un jour, je te les présenterai. Mais pas ce soir. On ne se connaît pas encore assez...*

Mademoiselle Charlotte a soulevé délicatement son chapeau et elle a déposé l'objet sur sa tête. Puis, elle a replacé son chapeau et lissé tranquillement un pli de sa robe avant de s'adresser à nous :

— *Je suis ravie de vous voir !* a-t-elle lancé. *Ce grenier nous servira de lieu de rendez-vous. D'accord ?*

Didi a hoché la tête en s'installant devant un couvert. Albert, Marie et moi l'avons imitée. Nous étions trop étonnés pour parler.

— *Je vous ai préparé des crapoutis, une de mes collations préférées*, a continué Mademoiselle C. *Mais avant que vous y goûtiez, faites-moi plaisir en partageant un rêve secret.*

— Quelle sorte de **RÊVE SECRET** ? a demandé Marie, méfiante.

— *Ce qui vous plaît*, a répondu Mademoiselle Charlotte. *Un souhait, une idée folle, un projet...*

— Moi, mon rêve, c'est d'être une *vraie princesse*! a annoncé Didi sur un ton fervent.

Nous avons tous éclaté de rire. Sauf Mademoiselle Charlotte. Elle a posé à Didi une foule de questions sur son rêve. Ma petite sœur s'est mise à décrire avec tout plein de détails le prince qu'elle voulait rencontrer, le château où ils

vivraient et la robe de bal qu'elle porterait. Pour une puce de cinq ans, franchement, c'était impressionnant.

— Mon rêve à moi, c'est de devenir aussi célèbre qu'Einstein, a poursuivi Albert.

— Il va sûrement réussir, a confirmé Marie. Albert a la bosse des sciences. Moi, pas du tout ! Mes parents sont déçus parce que je ne serai jamais comme Marie Curie, la fameuse PHYSICIENNE qu'ils m'ont choisie pour modèle. Elle a reçu deux fois le prix Nobel alors que moi, je suis poche dans toutes les matières...

Mademoiselle Charlotte n'a rien dit. Elle s'est contentée de regarder Marie avec l'air de comprendre parfaitement ce qu'elle ressentait. À ma grande surprise, ma sœur a esquissé un petit sourire **ému**.

Mon cœur battait très fort. Dans l'ordre où nous étions assis, c'était à mon tour de parler. Seule Didi connaissait mon rêve…

Mademoiselle Charlotte m'observait. Je sentais qu'elle ne se moquerait pas de moi. Ça m'a donné du **COURAGE**.

— Je rêve d'être acrobate au **Cirque du Soleil**, ai-je annoncé. C'est ce que je veux le plus au monde !

J'ai pris une bonne inspiration avant d'ajouter :

— Mais je sais que c'est impossible...

— *Pourquoi ?!* s'est étonnée Mademoiselle Charlotte.

— Papa et maman veulent que chacun de nous devienne quelqu'un d'**important** « qui contribue à améliorer le sort de l'humanité ». Le genre de personne qui gagne un prix Nobel ou devient chef d'un pays. Pas un artiste de cirque.

— *Pourtant, les artistes aussi améliorent la vie des gens*, a fait valoir Mademoiselle Charlotte.

— Comment ? ai-je demandé.

EN Y INJECTANT DU
SPLING!

4

Du spling !

— Et c'est... quoi, exactement ? s'est informée Marie.

— *Le spling ? C'est tout ce qui ensoleille, embellit, réjouit, émerveille. C'est très important. Ça change la vie des gens.*

Je comprenais parfaitement. Quand je vois un acrobate effectuer un double salto entre ciel et terre, je suis transporté. J'ai l'impression que tout est possible. Je me sens HEUREUX, PUISSANT et MERVEILLEUSEMENT VIVANT.

Les autres aussi semblaient comprendre. Ils ne regardaient plus Mademoiselle C. comme si elle était complètement capotée.

— Est-ce qu'on peut goûter aux crapoutis, maintenant ? s'est impatientée Didi.

Mademoiselle Charlotte n'a pas répondu. Elle s'est tournée vers Marie qui n'avait pas encore parlé de son rêve.

— Je n'ai pas envie de raconter mes secrets à quelqu'un que je ne connais même pas, a protesté ma sœur aînée.

— *Tu as raison*, a admis Mademoiselle Charlotte. *Un secret, c'est précieux. On a le droit de vouloir le garder pour soi.*

Notre gouvernante a réfléchi un long moment avant d'ajouter :

— *Si je te confie mon plus grand rêve, accepteras-tu de partager un des tiens ?*

On aurait pu entendre une mouche respirer. Nous attendions tous la réponse de Marie.

— Bon. D'accord, a-t-elle finalement cédé.

Didi, Albert et moi avons applaudi. Nous étions très curieux de connaître le secret de Marie. Et celui de Mademoiselle Charlotte aussi.

5

Timothée

— *Mon vœu le plus cher est de revoir Timothée*, a commencé Mademoiselle Charlotte d'une voix rêveuse.

Notre nouvelle gouvernante nous a raconté une histoire d'amour. Une histoire

tellement belle, mais tellement triste aussi que Marie pleurait à la fin. Moi, j'avais une grosse boule dans la gorge et Albert regardait le sol, trop ému pour montrer son visage. Didi s'est blottie contre Mademoiselle Charlotte et elle a posé sa petite main potelée sur son épaule, comme pour la consoler.

Avant de prendre la parole à son tour, Marie a poussé un SOUPIR qui semblait venir de très loin.

— Je rêve de changer de parents, a-t-elle déclaré.

Je n'étais pas surpris. Marie en avait assez de nos horaires militaires bourrés de devoirs, d'études et de leçons. Moi aussi, d'ailleurs, mais je n'irais quand même pas jusqu'à changer de parents.

N'importe quel adulte normal aurait dit à Marie que ce n'est pas bien de vouloir se débarrasser de ses parents. Mademoiselle Charlotte est différente. Elle a contemplé Marie longuement, puis, d'une voix infiniment douce, elle a murmuré :

— *Je te comprends.*

On ne pouvait pas douter de sa sincérité.

— *Si tu veux, je peux t'aider*, a-t-elle ajouté.

— Co… comment ? a bredouillé Marie.

Pour toute réponse, Mademoiselle Charlotte a esquissé un large sourire pendant que Marie la dévisageait comme si c'était le père Noël ou la fée des Étoiles.

— On peut, maintenant? a insisté Didi, un crapouti dans la main.

— *À l'attaque!* a lancé Mademoiselle Charlotte, les yeux pétillants.

J'ai mordu dans une boulette. C'était délicieux.

Mademoiselle C. nous a donné la recette. C'est tout simple! Les crapoutis sont des sandwiches écrapoutis avec une surprise dedans. On les écrabouille puis on les roule en petites boules.

Mon premier était à la **noix de coco** et au **caramel** avec un **jujube jaune** au milieu. Mon deuxième au **CHOCOLAT** et au **MIEL** avec un morceau de **RÉGLISSE NOIRE** en surprise. Miammmm!!!

Didi s'est endormie dans les bras de Mademoiselle C. après son premier crapouti. J'ai pu dévorer tous les miens et ceux de Didi en plus.

Il faut des forces pour devenir acrobate! Et pour la première fois de ma vie, j'osais croire que mon rêve n'était peut-être **PAS TOTALEMENT IMPOSSIBLE**.

Recette de Crapoutis

1- PRENEZ UNE TRANCHE DE PAIN MOELLEUX

2- RETIREZ L'AFFREUSE CROÛTE

3- TARTINEZ CE QUI VOUS PLAÎT

4- AJOUTEZ UNE SURPRISE SAVOUREUSE AU MILIEU

5- ÉCRABOUILLEZ LE TOUT ENTRE VOS MAINS

6- RÉGALEZ-VOUS!

6

Cosinus et Linguini

D'habitude, nos gouvernantes supervisent nos activités sans y participer. Dès le premier jour avec Mademoiselle C., nous avons compris que **TOUT** serait désormais différent.

Ce matin, à 6 h 30, nous avions une session de mise en forme avec maman dans la salle d'exercice. Mademoiselle Charlotte a suggéré que nous allions **DEHORS**. Le temps était splendide. Maman a été très surprise de voir Mademoiselle Charlotte retrousser sa robe pour jogger avec nous.

Après le jogging, nous faisons toujours des redressements assis. Comme tous les matins, maman en a réussi cent. À notre grande stupéfaction, Mademoiselle Charlotte en a fait **AUTANT**. Et elle n'était même pas essoufflée ! Maman était très **IMPRESSIONNÉE**.

Nous avons ensuite pris notre petit-déjeuner à la cuisine avec Mademoiselle C. Au menu : **jus de pamplemousse**, **céréales non sucrées**, **pain aux graines de lin** et **pruneaux au sirop**.

Notre cuisinière préparait des cailles farcies pour le repas de midi. Quand Mademoiselle Charlotte l'a vue plonger une caille dans le bouillon, elle s'est mise à hurler comme si on l'avait poignardée.

Mademoiselle Anastasie a failli renverser sa casserole. Marie s'est jetée sur le téléphone pour composer le 9-1-1. Nous pensions que notre gouvernante allait mourir d'une crise cardiaque.

Pas du tout ! Elle était seulement émue.

— *Pauvres petits oiseaux ! Pauvres, pauvres petits oisillons*, gémissait-elle à répétition.

— C'est ridicule ! s'est défendue Mademoiselle Anastasie.

Malgré tout, après la crise de Mademoiselle Charlotte, on aurait dit que notre cuisinière **hésitait** à plonger les cailles dans sa marmite.

Après, nous avions un cours avec Constant Cosinus, notre professeur de mathématiques. Normalement, pendant que nos professeurs nous donnent une leçon, la gouvernante aide Didi à faire des exercices d'initiation.

Mademoiselle Charlotte a remis un grand cahier à Didi en lui soufflant quelques mots à l'oreille. Ma petite sœur était aux anges. Elle s'est mise à dessiner des robes de princesse sur les pages de son cahier. Didi ne suivra peut-être pas les traces de la célèbre Indira Gandhi de qui nos parents se sont inspirés pour lui trouver un prénom.

Notre gouvernante s'est installée comme nous devant Monsieur Cosinus et elle a rêvassé pendant toute la durée de ses explications. Après, notre professeur nous a soumis un problème. Mademoiselle

Charlotte s'est mise à gribouiller des chiffres tout en dessinant n'importe quoi : un soleil, un visage qui sourit, des fleurs, un mouton…

Constant Cosinus fulminait et nous avions le **FOU RIRE**. Mais lorsqu'il nous a demandé les solutions, Mademoiselle

Charlotte avait toutes les bonnes réponses.

À l'heure du lunch, surprise ! Nous avons eu droit à des sandwiches à la confiture et au beurre d'arachides pendant que papa et ses confrères de réunion mangeaient leurs cailles farcies. Mademoiselle Anastasie a sans doute eu peur que notre gouvernante fasse une **CRISE D'APOPLEXIE**.

Mademoiselle Charlotte dégustait tranquillement son thé lorsque Albert a mentionné que nous avions une leçon avec Monsieur Linguini en après-midi.

— *Ah non! Je croyais que c'était fini*, a protesté Mademoiselle Charlotte, désespérée.

Monsieur Linguini a été mortellement ennuyeux. Mademoiselle Charlotte bâillait si fort que les feuilles de nos cahiers

tremblaient. Au milieu de la leçon, notre gouvernante s'est mise à ronfler comme une **ogresse** qui vient de dévorer une douzaine d'enfants.

Dès le premier vrombissement, Monsieur Linguini a pâli. Puis, il a commencé à bégayer en faisant des grimaces. Il plissait le nez, clignait des yeux, ouvrait la bouche à la manière d'un poisson et bougeait la tête de gauche à droite comme une marionnette qui fait non.

Notre professeur était victime d'une grave attaque de **NERVOSITÉ**. Il tenait une craie dans une main et un livre dans l'autre. Soudain, les deux objets sont tombés sur le plancher.

Mademoiselle Charlotte s'est réveillée juste à temps pour voir Monsieur Linguini quitter la pièce en poussant des **CRIS D'HYSTÉRIE** tellement il était énervé.

— *Qu'est-ce qui se passe ?* s'est étonnée Mademoiselle C. *Le cours est fini ?*

Elle s'est frotté les yeux et un immense sourire a *illuminé* son visage.

— *Fiou ! Alors, allons-y !*

— Où ? a demandé Albert, méfiant.

— *Au bout du monde !* a répliqué Mademoiselle C.

7

Au bout du monde

— Le bout du monde n'est pas bien loin ! a bougonné Marie lorsque Mademoiselle Charlotte s'est arrêtée dans le petit boisé derrière la maison.

Notre gouvernante s'est assise sous un arbre, elle a fermé les yeux et elle a humé les parfums du printemps. On aurait dit que le simple fait de remplir ses poumons d'air la comblait de *bonheur*.

Puis, Mademoiselle Charlotte a soulevé son chapeau et nous avons enfin découvert l'objet qu'elle dissimulait dessous. C'était une roche. Un vulgaire **caillou** !

Mademoiselle Charlotte l'a pris dans sa main, comme si c'était quelque chose de très précieux et d'extrêmement fragile.

— *Alors, ma belle Gertrude, où allons-nous aujourd'hui ?* a-t-elle demandé à sa roche.

Marie a levé les yeux au ciel. Albert a poussé un long soupir de découragement. Seule Didi semblait ravie.

— *L'Arctique, ça te plairait ? Non ? D'accord... Le désert, alors ? Oui ? Merveilleux !*

Mademoiselle Charlotte a regardé au loin. On aurait dit que des images défilaient dans sa tête.

— *Je vois de grands troupeaux de chameaux*, a-t-elle commencé. *Ces bêtes magnifiques courent encore plus vite que le vent. Le soleil est brûlant, le sable couleur de miel et d'or. Des dunes*

s'élèvent au loin. Rien d'autre n'est visible, jusqu'à l'horizon.

« Nous sommes dans un désert... Et dans ce désert, il y a une toute petite fille. Elle s'appelle Didi. C'est la première fois qu'elle monte sur le dos d'un chameau. Sa sœur Marie l'aide à grimper. C'est elle, le maître dresseur... »

Ma grande sœur était suspendue aux lèvres de Mademoiselle Charlotte.

— ... *Marie a un don avec les animaux. Elle parle leur langage*, a continué Mademoiselle Charlotte.

«C'est ainsi qu'elle réussit à élever les meilleurs coursiers.

«Un grand chameau galope devant Marie et Didi. Ses pattes sont longues et musclées. C'est la monture d'Alexandre. Alors même que sa bête file à vive allure, Alexandre se lève debout, en parfait équilibre sur le dos de son chameau.

«Soudain, il fléchit les genoux et effectue un saut spectaculaire avant de retomber sur sa monture, sans perdre son aplomb. Alexandre

prépare un numéro pour la Grande nuit étoilée, le rassemblement annuel des nomades du désert.»

Mademoiselle Charlotte s'est arrêtée un moment.

— Et moi ? Je ne suis pas dans l'histoire ? s'est plaint mon frère Albert.

Mademoiselle Charlotte n'a pas répondu.

— Cette nuit-là, Alexandre se réveille alors que le ciel est encore rempli d'étoiles. Il a senti quelque chose. Une

menace... Les chameaux sont agités. Quelque chose ne va pas. Alexandre aperçoit un nuage de poussière au loin.

« Des brigands ! Ils vont attaquer sous peu. Alexandre alerte ses sœurs et son frère Albert. Ils doivent se défendre. Ou se sauver. Sinon, les voleurs vont s'emparer de leurs bêtes. Et ces pirates du désert sont sans pitié. »

Mademoiselle Charlotte s'est tournée vers Albert.

— *À toi, maintenant*, l'a-t-elle encouragé. *Raconte-nous la suite...*

8

Double salto !

Les brigands ont réussi une attaque surprise. Il y a eu des coups d'épée, une course folle dans le désert, une tempête de sable… Nous avons finalement réussi à ÉCHAPPER aux pirates du désert grâce à moi. Et à Albert…

Les voleurs de chameaux se sont laissé distraire par mes prouesses acrobatiques sur le dos de ma monture. Mes compagnons en ont profité pour fuir. Albert a dirigé l'opération avec brio en mettant à profit son intelligence stratégique. C'est lui qui a eu l'idée d'une diversion et l'a orchestrée par la suite.

Quand mon frère s'est tu, nous étions encore *transportés* par son histoire. Mademoiselle Charlotte n'avait pas menti : nous étions tous allés au bout du monde.

C'était l'heure de rentrer. Mais aucun de nous n'en avait envie. Alors, Mademoiselle Charlotte nous a lancé un défi :

— *Le dernier rendu, c'est lui qui pue !*

J'ai gagné ! Suivi de près par Mademoiselle C. Albert est arrivé bon dernier. Il avait galopé jusqu'à la maison avec Didi sur son dos, riant aux éclats.

Fesses Pincées fulminait à notre arrivée. Il a intercepté Mademoiselle Charlotte dans le vestibule :

— Il n'y a pas de récréation le mercredi, a-t-il rappelé sèchement.

— *Vraiment ?* a répondu Mademoiselle Charlotte tout sourire. *Eh bien ! Il y en aura tous les jours, dorénavant.*

Notre majordome était tellement ahuri qu'il n'a rien dit.

Mon père s'est étonné de nous voir arriver à la bibliothèque aussi joyeux et essoufflés. Tous les mercredis, en fin d'après-midi, nous passons deux heures à la bibliothèque. C'est une grande pièce remplie d'ordinateurs, de tablettes, de revues scientifiques, de dictionnaires, de journaux, de documents savants et de biographies de personnages importants.

Albert a choisi un exemplaire de la revue *Science et vie* et Didi un dictionnaire illustré. Marie et moi aurions aimé nous distraire avec un jeu à l'ordi, mais tous les sites amusants ont été bloqués par nos parents.

Marie a pris un livre qu'elle ne lirait pas pendant que j'ouvrais le journal *Ça Presse* sur une tablette. Je prévoyais faire une sieste en faisant semblant de m'instruire lorsque mon regard a capté une information **EXTRAORDINAIRE**.

École de cirque Double Salto.

On y donne des cours de haute voltige, de trapèze et de gymnastique aérienne aux enfants de dix ans et plus. La date limite d'inscription est le 20 juin.

Mon cœur a fait un triple salto. J'avais les mains moites et la gorge sèche. J'ai noté le numéro de téléphone sur un bout de papier.

Je voulais m'inscrire, c'est sûr. Mais comment faire pour convaincre mes parents ?

Notre gouvernante s'était installée dans le fauteuil à côté de moi, juste en face de papa. J'ai levé les yeux vers mon père. Il observait Mademoiselle Charlotte d'un air stupéfait. J'ai vite compris pourquoi : elle tenait son livre à L'ENVERS ! Le plus drôle, c'est qu'elle semblait passionnée par sa lecture.

Au bout d'un moment, elle a éclaté de rire avant de froncer les sourcils comme s'il se passait quelque chose de très inquiétant. Mon père m'a regardé. Puis il a observé Marie, Albert et Didi. Nous avions deviné que Mademoiselle Charlotte *s'inventait une histoire*. Mon pauvre papa, lui, ne le savait pas.

Il s'est levé et il s'est approché de notre gouvernante. Elle n'a pas bougé.

Il a retiré le livre de ses mains. Elle n'a pas bougé davantage.

Il a pressé son épaule et l'a secouée légèrement. Mademoiselle Charlotte s'est mise à rire. Puis, elle a éclaté en sanglots.

Papa, qui est un homme gentil, semblait vraiment désolé de voir Mademoiselle Charlotte pleurer. Il ne savait plus comment réagir.

Didi a eu pitié de lui :

— Elle invente une histoire dans sa tête, a-t-elle expliqué.

Papa est resté immobile, les yeux fixés sur Mademoiselle C., jusqu'à ce qu'elle émerge de son histoire.

— *Pauvre Monsieur Humbert !* s'est exclamée Mademoiselle Charlotte en découvrant mon père penché sur son visage. *Que se passe-t-il ? Vous semblez bien soucieux.*

Mon père était éberlué.

— De toute ma vie, je n'ai jamais rencontré quelqu'un avec une telle capacité de concentration. Dommage que vous ne travailliez pas en électronique. Vous seriez douée ! a-t-il déclaré.

Mademoiselle Charlotte l'observait comme si c'était lui, l'extraterrestre.

— Puis-je… euh… vous demander à quoi vous songiez? a poursuivi mon père.

Mademoiselle Charlotte l'a contemplé longuement. Elle a finalement secoué la tête d'un air navré.

— *Je suis désolée. Je sais que vous êtes très intelligent, mais je crains que vous ne compreniez pas.*

Il fallait voir l'air de papa! Il ne s'était jamais fait répondre de cette manière. Il semblait tellement dépité que Mademoiselle Charlotte a cru bon d'ajouter:

— *Un jour… Peut-être…*

9

Gertrude

— Bonne nuit, mon beau Alexandre, a murmuré maman.

— Bonne nuit, mon grand, a ajouté papa.

Ma mère a déposé un baiser sur mon front. Mon père a ébouriffé mes cheveux. J'avais le cœur en compote lorsqu'ils ont quitté ma chambre. Je m'étais promis de leur parler de l'école de cirque. J'avais réuni tout mon courage et trouvé une foule d'arguments. Mais en entrant dans ma chambre, maman m'a félicité pour mes progrès en mathématiques.

— Tes derniers résultats me réjouissent, m'a-t-elle confié. Et je suis persuadée que tu pourrais faire encore mieux.

Le pire, c'est qu'elle avait raison. J'avais à peine étudié. Ma sœur Marie en arrache dans toutes les matières. Pas moi. Je pourrais **épater** mes parents si je m'y mettais vraiment.

— Je sais que tu nous trouves exigeants, a poursuivi papa. Mais nous savons que tu peux réaliser de grandes choses et nous voulons t'aider à y arriver. Un jour, tu seras de ceux qui marquent l'histoire et transforment la société.

J'ai gardé les yeux fixés sur un point invisible. Je ne savais plus comment aborder le sujet de l'école de cirque.

— Je t'aime, mon fils, a déclaré papa. Je suis fier de toi.

Là, je me suis senti tout drôle parce que mon père ne dit pas souvent ces choses-là.

Après, je n'arrivais pas à dormir. Le chien de notre voisin JAPPAIT. Le pauvre jappe toutes les nuits parce qu'il passe sa vie attaché. Marie dit que c'est inhumain. Elle déteste nos voisins !

Je me sentais un peu comme cet animal : prisonnier. Attaché aux rêves de mes parents. J'ai pensé à Marie. Ma sœur avait peut-être un rêve, elle aussi. Un projet excitant auquel elle renonçait pour faire *plaisir* à papa et maman.

Je ne sais pas ce qui m'a pris. Je me suis levé et j'ai monté l'escalier menant au grenier.

Mademoiselle Charlotte était là. Elle semblait m'attendre. Elle avait allumé des bougies, comme la veille.

— *Gertrude me parlait justement de toi*, a déclaré Mademoiselle Charlotte en m'apercevant. *Tu prendras bien un peu de smalalamiam ?*

Elle a versé du **liquide doré** dans un joli verre et me l'a tendu. C'était savoureux. Je me suis immédiatement senti mieux.

Le chien du voisin se lamentait, maintenant. On aurait dit qu'il pleurait.

— *Avez-vous déjà eu un chien ?* a demandé Mademoiselle Charlotte.

— Oui. Un gros labrador noir. Il s'appelait **BRUTUS**, mais il était doux comme un chaton. Il est mort quand Didi était bébé.

Mademoiselle Charlotte est restée silencieuse. Elle attendait que je parle.

— Qu'est-ce qu'elle disait, votre **roche** ? ai-je voulu savoir.

Je me trouvais déjà un peu nono de demander ça. Je me suis senti encore plus bizarre quand Mademoiselle Charlotte a déposé la roche dans ma main.

— *Demande-lui*, a-t-elle proposé.

Je ne sais pas ce qui m'a pris. Le **caillou** était au creux de ma main. C'était un **caillou** pareil à tant d'autres. Gris et rond, avec des nervures blanches.

Pourtant, étrangement, j'avais un peu l'impression qu'il était vivant. Qu'il avait quelque chose de... *magique*. Alors, j'ai commencé à parler.

Et j'ai parlé, parlé, parlé. J'ai confié à *Gertrude* mon désir fou de m'inscrire à **l'école de cirque**. Je lui ai expliqué ce qui m'attirait tant dans la haute voltige et comment je sentais que j'étais fait pour ça.

Gertrude n'a rien dit, bien sûr. Et Mademoiselle Charlotte non plus. Mais je savais qu'elle comprenait.

J'ai donc continué. Je leur ai confié que j'avais peur de passer à côté de mes rêves en adoptant ceux de mes parents. J'ai dit que j'avais envie d'être moi et de réaliser mes propres **voeux**.

Et soudain, je me suis entendu faire une *promesse*. Une promesse à moi-même.

— Je vais devenir acrobate, ai-je décidé. Rien ne pourra m'en empêcher.

Mademoiselle Charlotte a applaudi.

Au creux de ma main, *Gertrude* est restée immobile. Mais je sentais qu'elle approuvait.

10

Les dix règlements

Le lendemain matin, en passant devant le bureau de papa, j'ai été alerté en entendant trois mots : « Charlotte », « danger », « congédiée ». Papa discutait avec notre majordome et la porte était mal fermée.

Je suis revenu sur mes pas pour mieux entendre.

— Elle n'est pas seulement étrange : elle est **DANGEREUSE** ! disait Fesses Pincées. Les enfants sont plus nerveux, moins attentifs. Et les professeurs réagissent très mal à la présence de cette nouvelle gouvernante.

— C'est dommage, a répliqué papa. Elle a quelque chose de… Je ne sais pas comment l'expliquer, mais elle me plaît malgré tout.

— C'est à vous de décider, a lancé Fesses Pincées, mécontent.

— Mon principal souci, c'est *l'éducation* de mes enfants, a déclaré papa. Si cette gouvernante n'y contribue pas, il faut la renvoyer. Donnons-nous quelques jours pour y penser.

J'ai filé juste à temps ! Fesses Pincées a FAILLI m'attraper en flagrant délit d'espionnage lorsqu'il est sorti du bureau.

Les cours du matin se sont déroulés sans incident. Mademoiselle Charlotte s'est surtout occupée de Didi. J'avais du mal à me concentrer depuis que je connaissais les **MENACES** qui pesaient sur notre nouvelle gouvernante.

Au repas du midi, pendant que nous avalions notre **potage aux tiges de brocoli** en compagnie de Mademoiselle Charlotte, Fesses Pincées a annoncé :

— Nous prendrons le repas du soir dans la salle à dîner, à 19 h **PILE**. Votre gouvernante est invitée. Monsieur et madame désirent la connaître davantage…

Son ton était plein de sous-entendus. J'ai compris que Mademoiselle C. courait un grave **DANGER**. Il fallait agir. Vite !

— Réunion à 16 h au grenier, ai-je chuchoté après le départ de Fesses Pincées.

À 16 h, Mademoiselle Charlotte nous attendait avec du *smalalamiam*.

— On dirait du jus de soleil ! s'est écriée Didi en se léchant les babines après une première gorgée.

J'ai exposé le but de la réunion : aider Mademoiselle Charlotte à ne pas faire de gaffes au cours du repas. J'avais décidé de ne pas rapporter tout de suite la conversation que j'avais entendue pour ne pas l'alarmer.

— Nos parents ont certaines... attentes, ai-je expliqué en espérant que notre gouvernante ne serait pas offensée.

Albert, Didi et moi avons dressé une liste de ce que Mademoiselle Charlotte devait savoir.

Marie a refusé de participer.

— C'est nul ! a-t-elle protesté. Mademoiselle Charlotte devrait faire comme ça lui plaît.

— Et risquer d'être renvoyée ? s'est offusqué Albert.

J'étais bien placé pour savoir que mon frère avait **PARFAITEMENT** raison.

Trente minutes plus tard, nous avons remis à Mademoiselle Charlotte la « Liste des dix règlements à suivre lors des repas » :

10 RÈGLEMENTS À SUIVRE LORS DES REPAS

1- Dire merci chaque fois qu'on dépose un plat devant vous, même si c'est dégoûtant.

2- Mastiquer lentement, la bouche fermée, sans faire de bruit.

3- Dire que c'est délicieux, même si ça goûte affreux.

4- Ne jamais toucher à un aliment avec ses doigts, propres ou pas.

5- Ne jamais déposer les coudes sur la table, même si on ne sait pas pourquoi.

6- Éviter de tousser ou d'éternuer (et bien sûr, ne jamais roter ni péter).

7- Écouter la conversation, même si c'est ennuyeux.

8- Parler seulement pour dire quelque chose d'important.

9- Ne pas parler de Gertrude.

10- Ne pas parler à Gertrude.

Mademoiselle Charlotte a lu la liste silencieusement. J'avais peur qu'elle refuse d'appliquer tous ces règlements.

— *Formidable !* s'est-elle exclamée. *C'est comme une course à obstacles. Pour gagner, il faut éviter les gaffes, n'est-ce pas ?*

J'ai hoché la tête en même temps que Marie, Didi et Albert. Mademoiselle Charlotte n'en finissait pas de nous surprendre.

11

Sept trésors

— Trois minutes, a fait remarquer Fesses Pincées en consultant l'horloge grand-père de la salle à dîner.

Un **LOURD SILENCE** s'est abattu sur nous. J'étais inquiet. Mes sœurs et mon frère aussi, ça se voyait à leur mine sombre. Mademoiselle Charlotte avait effectivement trois minutes de retard.

Dans ma tête, j'ai écrit : « Onzième règlement : toujours arriver à l'heure. »

— Cinq minutes ! a déclaré notre majordome.

— Ce n'est pas la fin du monde ! a protesté Marie.

— La *ponctualité* est la première politesse, a rappelé papa.

Marie a poussé un soupir qui en disait long.

— Dix minu..., a commencé Fesses Pincées au moment où Mademoiselle C. faisait son entrée dans la grande salle à dîner.

Du coup, l'atmosphère a changé. C'était comme si un grand vent d'été avait soufflé dans la pièce. Mademoiselle Charlotte tenait un gigantesque bouquet de fleurs des champs.

— *Je suis arrivée un peu à l'avance et j'ai remarqué qu'il n'y avait pas de fleurs sur la table*, a-t-elle expliqué, joyeuse. *Alors j'ai pensé...*

— Que c'est joli ! s'est exclamée maman, ravie.

Fesses Pincées s'est levé de table pour aller chercher un vase. On voyait que cette histoire de fleurs l'énervait au plus haut degré. Mademoiselle Charlotte s'est installée à la dernière place libre, juste devant mes parents. C'est là que j'ai noté qu'elle avait toujours son immense chapeau sur la tête. Aussitôt, j'ai pensé : douzième règlement : ne jamais prendre place à table avec un chapeau.

À mon grand soulagement, Mademoiselle Charlotte a soulevé son chapeau et l'a déposé sur ses genoux. Au même moment, Marie, Albert, Didi et moi avons échangé un regard CATASTROPHÉ.

Gertrude était sur la tête de Mademoiselle Charlotte !

Notre gouvernante l'a cueillie doucement et l'a déposée près de son couvert. Maman avait la bouche **grande ouverte**. Papa avait les **yeux ronds** comme des roues de camion.

Heureusement, Marie a eu une inspiration.

— Mademoiselle Charlotte nous a raconté que dans certains pays, la politesse exige que chacun dépose un objet sur la table. Un porte-bonheur ou un petit souvenir…

Aussitôt, Didi a sorti un bouton rose de sa poche et l'a placé sur la nappe. Du coup, Albert a posé sa calculette de poche. Marie nous a surpris en laissant tomber une médaille. La médaille de **BRUTUS** ! Je ne savais pas qu'elle la gardait toujours avec elle.

Tout ce que j'avais sur moi, à part mes vêtements, c'était le bout de papier sur lequel j'avais noté : Double Salto suivi du numéro de téléphone.

J'ai rougi malgré moi en le déposant sur la nappe.

— On dirait des trésors, a murmuré maman d'une voix que je ne lui connaissais pas. Quelle belle coutume vous nous enseignez là, Mademoiselle Charlotte.

Maman a glissé une main dans sa tignasse rousse et en a retiré une très jolie épingle.

— C'est un souvenir de ma mère, a-t-elle confié avec émotion.

Papa la contemplait. Dans ses yeux, on pouvait lire qu'il l'aimait.

— Voilà ! a déclaré papa en sortant une *bille de verre* de sa poche.

Papa nous a raconté que c'était son porte-bonheur. Il l'avait avec lui depuis l'âge de cinq ans. Ça m'a fait tout drôle d'imaginer mon père enfant.

Tous les regards étaient maintenant tournés vers notre majordome.

— Je n'ai absolument rien à montrer, a-t-il déclaré avec humeur.

— *Tut! tut! tut! Vous avez sûrement un secret à nous révéler*, a soutenu Mademoiselle Charlotte en fixant Fesses Pincées d'une étrange manière.

Monsieur Bousille a rougi. Comme si notre gouvernante avait vu à travers lui !

12

B12z1744x

Entre le gratin de petits pois et le couscous au tofu, papa s'est adressé à Mademoiselle Charlotte :

— Saviez-vous que mon épouse recevra bientôt le Grand Prix mondial D'ASTROPHYSIQUE ?

— Maman a étudié le mouvement des étoiles et elle a fait

des calculs mathématiques très savants, a expliqué Albert.

— C'est comme ça qu'elle a découvert une nouvelle planète ! a ajouté Didi.

— *Une nouvelle planète ! Ooooh ! Félicitations ! Bravo !* s'est écriée Mademoiselle Charlotte en applaudissant avec ferveur.

À notre grande stupéfaction, notre gouvernante s'est précipitée vers maman et elle l'a *embrassée* sur les joues en poussant des cris de joie. De telles manifestations sont plutôt rares, chez nous.

Maman a paru émue. Et elle a ri ! L'enthousiasme de Mademoiselle Charlotte était contagieux.

— *Comment s'appelle votre planète ?* a voulu savoir Mademoiselle Charlotte une fois de retour à sa place.

— B12z1744x, a répondu maman.

Notre gouvernante a baissé les yeux. Elle était visiblement très déçue.

— C'est un simple code d'identification, s'est défendue maman.

— Le comité astronomique n'aurait pas accepté un nom excentrique, a fait valoir Fesses Pincées.

— Peut-être... Mais votre planète mérite un bien plus joli nom, a soutenu Mademoiselle Charlotte.

— Je crois que vous avez raison, a admis maman.

Notre majordome s'est renfrogné. Il semblait jaloux de notre gouvernante.

Papa a lancé une nouvelle discussion.

— Vous avez sûrement remarqué, chère Mademoiselle Charlotte, que chacun de nos enfants porte le prénom d'une personnalité que nous admirons beaucoup. Puis-je vous demander quel est votre personnage historique préféré ?

Mademoiselle Charlotte a rapidement répondu :

— *La Belle.*

Mes parents ont échangé un regard EMBARRASSÉ. Ils ne semblaient pas connaître ce personnage. Moi non plus, d'ailleurs.

— Dans quel pays est-elle née et à quel siècle ? a demandé papa.

Fesses Pincées a éclaté de rire.

— C'est un personnage de conte. *La Belle et la Bête* ! Ils en ont fait un film pour enfants…, a-t-il expliqué sur un ton méprisant.

Un silence glacial a envahi la pièce. Papa et maman observaient Mademoiselle Charlotte comme si elle souffrait d'une maladie infectieuse.

— La Belle est connue grâce à un écrit de Madame Jeanne-Marie Leprince de Beaumont au 18e siècle, a déclaré Albert. Je l'ai appris au hasard dans une encyclopédie. Le conte *La Belle et la Bête* est considéré comme une œuvre magistrale… qui a marqué l'histoire de l'humanité, a-t-il ajouté.

Nos parents ont semblé mieux respirer. Jusqu'à ce que Mademoiselle Charlotte ajoute :

— *J'ai aussi beaucoup d'admiration pour la fée Clochette.*

Une fée ! Notre majordome a arboré un sourire triomphant. Mes pauvres parents semblaient découragés.

13

Stupéfiant !

Avant de monter à ma chambre ce soir-là, j'ai fait un détour par la bibliothèque. C'était le meilleur endroit pour téléphoner en secret.

J'ai composé le numéro de l'école de cirque. Le petit papier était dans ma poche, mais je connaissais le numéro par cœur. La dame au bout du fil m'a informé que je devais obtenir l'autorisation écrite de mes parents pour m'inscrire.

— Pas de problème ! ai-je menti.

— Faites vite alors, car il ne reste qu'une seule place.

Mon cœur a fait un saut PÉRILLEUX. Une seule place ?

Il fallait qu'elle soit à MOI !

• • •

À minuit, pendant que tout le monde dormait, je suis retourné à la bibliothèque et j'ai imprimé le formulaire d'inscription disponible sur le Web. Je l'ai rempli, puis j'ai imité la signature de papa au bas de la feuille. Il ne me restait plus qu'à le livrer le plus rapidement possible.

En relevant la tête, j'ai échappé un cri. Mademoiselle Charlotte était à côté de moi. Elle m'observait.

— *Tu es sûr que tes parents refuseraient ? Tu crois vraiment qu'ils ne comprendraient pas ?* m'a-t-elle demandé.

J'ai fait oui de la tête. Puis, j'ai plié le formulaire et je l'ai

mis dans ma poche. J'étais un peu honteux, mais je ne voyais pas comment faire autrement.

J'allais partir lorsque notre gouvernante m'a surpris avec une question :

— *Peux-tu m'aider à utiliser l'ordinateur ? Je n'ai pas beaucoup l'habitude...*

Nous nous sommes installés devant un écran.

— *J'ai une énigme à résoudre*, m'a confié Mademoiselle Charlotte sur un ton mystérieux.

Au début, Mademoiselle Charlotte était poche. On aurait dit qu'elle ne s'était jamais promenée sur le Web avant. Heureusement, elle apprend vite. **Très** vite, même.

C'est ainsi que trente minutes plus tard, nous avons fait une découverte stupéfiante.

14

Jeune génie

Le lendemain matin, au petit-déjeuner, Mademoiselle Charlotte s'est éclipsée pendant que notre cuisinière nous servait des **œufs pochés aux épinards**. Nous en avons profité pour discuter.

— Vous croyez qu'ils vont la **RENVOYER** ? s'est inquiétée Didi.

Albert a hoché gravement la tête.

— Oui, s'est indignée Marie. Et simplement parce qu'elle croit aux fées !

Didi se frottait les yeux pour ne pas pleurer. Elle n'était pas la seule à être triste. Aucun de nous n'avait envie de vivre sans Mademoiselle C.

— *Tadam!* a lancé notre gouvernante en réapparaissant tout à coup avec une bouteille remplie de liquide verdâtre. *C'est mille fois meilleur que le ketchup, vous allez voir...*

Chacun de nous a ajouté un peu de *sauce mystère* à ses œufs pochés. C'était *délicieux* !

— Qu'est-ce qu'il y a dedans? a demandé Albert, en prenant une grosse bouchée.

— *Plein de bonnes choses*, a répondu Mademoiselle Charlotte avec un sourire espiègle.

L'atmosphère était à la fête lorsque Fesses Pincées a fait brusquement irruption.

— J'ai le plaisir de vous annoncer que vos parents souhaitent que vous participiez à la grande finale régionale du concours «*Jeune génie scientifique*». Monsieur votre père vous propose un programme d'études préparatoire qui commence dès aujourd'hui.

— Mais… c'est samedi ! a protesté Marie.

Fesses Pincées a poursuivi son discours en ignorant Marie.

— Vous trouverez un fichier préparé par votre père dans votre ORDINATEUR. Votre gouvernante est censée assister votre jeune sœur. Si elle en est capable…, a-t-il ajouté, sarcastique, avant de disparaître.

En colère, Marie a lancé sa serviette de table contre le mur.

— *De quoi s'agit-il exactement ?* s'est informée Mademoiselle Charlotte.

— Ils veulent qu'on étudie jour et nuit pour se farcir la cervelle de données scientifiques afin de gagner un concours, a bougonné Marie, découragée.

— Je pourrais peut-être t'aider, a proposé Albert. J'aime bien les concours, moi…

C'est là que Marie a explosé :

— **TOI**, c'est **TOI** ! **MOI**, c'est **MOI** ! a-t-elle répliqué rageusement en quittant la table.

Peu après, nous avons entendu la porte de sa chambre claquer.

— Tu veux bien aller lui parler ? a demandé Didi à Mademoiselle C.

— *Surtout pas !* a refusé notre gouvernante. *Marie est très occupée. Il ne faut pas la déranger.*

— Occupée à quoi ? s'est étonné Albert.

— *À réfléchir*, a répondu Mademoiselle Charlotte.

— Et **nous** ? On fait quoi ? ai-je voulu savoir.

— Le message de papa est clair. Il faut se mettre au travail, a fait valoir Albert.

Je pensais à la fiche d'inscription dans ma poche en me disant que j'avais été bien fou de m'imaginer artiste de cirque.

— *Vos parents m'ont chargée de coordonner vos activités*, a déclaré notre gouvernante d'un ton décidé. *Et je crois que vous avez un devoir très important à faire.*

Mon cœur a pris l'ascenseur. Mademoiselle C. se rangeait donc du côté des parents ! J'étais terriblement déçu.

— Quel devoir ? a demandé Didi.

— Il est grand temps que vous appreniez à rêver, a répondu notre gouvernante.

15

Tout un devoir !

Au moment même où Mademoiselle Charlotte prononçait ces mots, le ciel s'est déchaîné. Une **pluie** torrentielle s'est mise à tomber. Il y a eu du tonnerre, des éclairs et... une panne d'électricité. Nous avons tous eu la même idée : rendez-vous au grenier !

J'ai aidé Mademoiselle Charlotte à allumer les bougies. Dehors, le chien du voisin jappait.

— Il a peur de l'orage, a expliqué Marie.

Albert a haussé les épaules, l'air de dire qu'on n'y pouvait rien.

— Comment s'y prend-on pour rêver ? a-t-il demandé à Mademoiselle Charlotte.

Mon jeune frère semblait PEU intéressé. Il aurait sans doute préféré commencer tout de suite à étudier pour remporter le concours du « *Jeune génie scientifique* ».

— *C'est facile. Tu ne fais rien*, a répondu Mademoiselle C.

— Vous êtes en train de me dire que mon devoir de la journée c'est de ne rien faire ?

— *Bravo ! Tu as très bien compris*, s'est exclamée notre gouvernante.

Je croyais que ce serait facile. **OUILLE !** C'est fou comme c'est difficile de ne rien faire du tout. Ni parler, ni piocher sur un clavier, ni lire, ni étudier, ni compter, ni bouger… *Juste rêver.*

Mademoiselle Charlotte nous a aidés.

— *Choisissez un lieu. Vous pouvez modifier le décor, régler le soleil, la température, le vent. Maintenant, devenez qui vous voulez. Et faites ce qui vous plaît ! Tout est possible. Tout est permis…*

Je me suis inventé un grand chapiteau. Un costume. De la musique. Un numéro avec des sauts, des pirouettes, des rattrapages fabuleux…

Au début, j'avais du mal à imaginer la scène. Puis, peu à peu, les **images** se sont précisées dans ma tête. C'était merveilleux. J'étais devenu acrobate. Mes mouvements s'enchaînaient parfaitement. J'étais léger comme une plume et fort comme un géant.

Les applaudissements de la foule crépitaient. Du tremplin, j'ai bondi encore plus haut. J'ai attrapé le trapèze et j'ai réalisé mon plus grand rêve : un triple salto arrière.

La foule était en délire.

Après, je me suis mis à rêvasser à des solutions pour arriver à m'inscrire à l'école de cirque. Mademoiselle Charlotte m'accorderait sûrement la permission d'aller moi-même livrer le formulaire d'inscription. Les bureaux de Double Salto sont à 2,3 kilomètres de chez moi selon le plan que j'ai consulté à l'ordinateur. Ça tombait bien car je devais agir rapidement.

16

Vol et disparition

Lorsque nous sommes descendus du grenier, plusieurs heures après le début de l'orage, papa était en grande conversation avec Mademoiselle Anastasie au salon. Elle semblait très énervée.

Fesses Pincées est arrivé en même temps que nous.

— L'argent de la petite caisse de la cuisine a **disparu** ! nous a appris notre cuisinière. J'allais sortir pour acheter

quelques provisions, j'ai ouvert le tiroir…
et j'ai découvert qu'il était vide.

Papa et Fesses Pincées se sont tournés vers notre gouvernante.

— Où étiez-vous ce matin ? l'a questionnée papa.

— Avec nous ! ai-je répondu.

J'étais furieux que Mademoiselle C. soit soupçonnée de VOL.

— Tout le temps ? Elle ne s'est pas absentée ? a insisté Fesses Pincées.

— On a beaucoup rêvé, puis on s'est endormis, a raconté Didi sans réfléchir.

— Aaaah ! Votre gouvernante aurait donc pu s'absenter ! a rétorqué notre majordome, triomphant.

— Vous n'avez pas le droit de l'ACCUSER ! a protesté Albert.

— C'est INJUSTE ! ai-je ajouté.

— Et MÉCHANT ! s'est exclamée Didi.

Soudain, une voix derrière nous a retenti :

— **ON S'EN FOUT !**

C'était maman.
D'habitude, elle ne parle pas comme ça.

— On se fout de cet argent, il y a plus important, a-t-elle lancé.
MARIE A DISPARU !

17

Moi, c'est moi !

J'ai raconté à nos parents la colère de Marie.

— Je n'avais pas exigé que les enfants commencent à étudier immédiatement ! a protesté papa en lançant un regard irrité à Fesses Pincées.

Notre majordome s'est défendu en prétextant qu'il croyait que c'était mieux de s'y mettre rapidement. Puis il a ajouté sournoisement que Marie était sous la supervision de notre nouvelle gouvernante au moment de sa fugue.

— Qu'avez-vous à répondre ? a demandé papa en cherchant Mademoiselle Charlotte des yeux.

C'est alors que nous avons constaté que Mademoiselle Charlotte avait quitté les lieux.

— Voilà qui ressemble à un aveu de culpabilité, a affirmé Fesses Pincées.

— Tout ce qui compte, pour l'instant, c'est de retrouver Marie, a déclaré papa en composant le 9-1-1.

Quelques minutes plus tard, deux policiers sont arrivés. Ils ont promis d'amorcer les recherches immédiatement en commençant par « les lieux que fréquentent normalement les adolescents ». Papa a insisté pour les accompagner.

J'avais du mal à imaginer Marie dans « les lieux que fréquentent normalement les adolescents ». Quelques heures plus

tôt, elle avait crié : « MOI, c'est MOI ! » Ces mots m'avaient touché.

Dehors, la pluie avait cessé de tomber. Tout était étrangement silencieux.

Soudain, j'ai compris ! Je ne savais pas exactement où était Marie, mais je devinais ce qu'elle était allée faire. Elle n'avait rien dit parce qu'elle avait peur que nos parents condamnent son geste.

Du coup, des paroles de Mademoiselle C. me sont revenues à l'esprit.

« Tu es sûr que tes parents refuseraient ? Tu crois vraiment qu'ils ne comprendraient pas ? »

Ma sœur avait fui, mais il existait peut-être d'autres façons **d'agir**. Même si le succès n'était pas assuré, il fallait que j'essaie. Pour moi, pour Marie, pour Didi, et peut-être même pour Albert aussi.

J'aurais pu affronter ma mère tout de suite, mais je redoutais sa réaction. Je me suis plutôt retiré dans ma chambre et j'ai écrit.

Chers parents,

Je sais que vous nous aimez et que vous souhaitez le meilleur pour vos enfants. Mais chacun de nous est différent.

Je n'ai pas envie de ressembler à Alexandre Graham Bell, le héros que vous m'avez choisi. Il a fait de grandes choses, mais je ne suis pas comme lui.

Mon rêve à moi, c'est de devenir artiste de cirque. J'y pense jour et nuit. Ça me rendrait heureux et, en même temps, je pourrais mettre un peu de spling dans la vie des gens.

Mademoiselle Charlotte est une championne du spling. Albert est un génie scientifique. Didi deviendra peut-être dessinatrice de mode. Marie aussi a un rêve. Et un don bien particulier. Laissez-la vous en parler.

Mademoiselle Charlotte l'avait deviné, je crois, parce qu'elle sait lire dans le coeur des gens.

Ce n'est pas elle qui a volé l'argent. J'en suis sûr.

Votre fils qui vous aime,

Alexandre

18

Le rêve de Marie

Maman a lu ma lettre devant moi. À la fin, elle pleurait. Elle n'a rien promis tout de suite, mais elle m'a serré très fort dans ses bras. C'était bon.

Je n'étais pas vraiment inquiet pour Marie. Je me demandais surtout où était passée Mademoiselle Charlotte. Fesses Pincées s'était retiré dans sa chambre. Une chance ! Sinon, je lui aurais dit des atrocités.

Au lieu de travailler dans son bureau, maman a joué à un jeu de société avec nous en attendant le retour des policiers. Mademoiselle Anastasie nous a préparé un goûter car nous n'avions rien avalé depuis le petit-déjeuner. Aucun de nous n'y a vraiment touché.

Il était dix-neuf heures lorsque la porte d'entrée s'est enfin ouverte. Nous nous attendions à voir **MARIE** encadrée par des policiers. À la place, une grosse bête noire a foncé sur nous.

Marie était derrière, suivie de Mademoiselle Charlotte.

Ma sœur ne se trouvait pas dans les lieux que fréquentent normalement les adolescents, comme les arcades ou les cinémas. Elle était allée libérer le chien du voisin. C'était son souhait le plus pressant. Marie adore les animaux et elle n'en pouvait plus d'entendre la pauvre bête se lamenter.

— Ce chien me faisait penser à moi, nous a-t-elle expliqué. Je savais qu'il était MALHEUREUX…

Mademoiselle Charlotte les a retrouvés dans un grand parc pas tellement loin d'ici. Pour faire plaisir à son protégé, Marie l'avait laissé courir à volonté.

— Quel est ton rêve, Marie ? a demandé maman lorsque Mademoiselle Charlotte a eu fini de raconter ce qui était arrivé.

Marie n'osait pas l'avouer. Maman l'a encouragée.

— Je voudrais **élever des chiens**, a finalement répondu ma sœur. J'en ferais des guides pour les aveugles ou encore des champions à la course de traîneaux. Ça dépendrait d'eux…

Didi a applaudi. Mademoiselle Charlotte aussi. Elles avaient raison. Marie s'était inventé un très beau rêve, parfait pour elle. *Un rêve qui pouvait être réalisé.*

Peu après, Papa est revenu, flanqué des policiers. Son visage s'est éclairé lorsqu'il a vu Marie.

Il ne l'a même pas grondée. Il l'a seulement pressée très fort contre lui.

La soirée avait été drôlement mouvementée. Personne n'a été surpris lorsque Didi a déclaré :

— J'AI FAIM !

Albert a suggéré qu'on mange des crapoutis. Mademoiselle Charlotte pouvait nous aider à les préparer.

C'est à ce moment-là que nous avons découvert que Mademoiselle Charlotte nous avait quittés.

19

Le secret de Basile Bousille

Mademoiselle Charlotte m'avait averti :

— *Lorsque le temps sera venu de révéler notre découverte, tu le sauras, Alexandre.*

Le temps était venu. J'ai raconté à mes parents ce qu'avait appris Mademoiselle C. en enquêtant sur le Web.

C'est un peu difficile à croire, mais Basile Bousille a longtemps rêvé d'être chanteur.

Malheureusement, il a été hué à son premier spectacle et il a tout abandonné. Mademoiselle Charlotte a retrouvé un article très dur écrit par un journaliste sans pitié. Depuis son ÉCHEC, Basile Bousille en veut au monde entier et tout particulièrement à ceux qui réalisent leurs rêves et qui sont heureux.

— Je suis certain que c'est lui qui a **volé** l'argent ! ai-je conclu. Il voulait que notre gouvernante soit accusée. Il la déteste parce qu'elle est tout le contraire de lui !

Marie, Albert et Didi me regardaient comme si je venais d'être élu président des États-Unis. Papa et maman réfléchissaient très fort en fronçant les sourcils.

Tout à coup, une voix nous a fait sursauter. C'était Fesses Pincées. Il se tenait debout à l'entrée du salon. Il avait l'air misérable.

— Alexandre a raison, c'est **MOI** qui ai pris l'argent, a-t-il admis. Je voulais que Monsieur Humbert renvoie Mademoiselle Charlotte. Je suis un chanteur raté et un majordome pourri. Je vous remets ma *démission*.

Épilogue

Mes cours à l'école de cirque débutent dans trois jours. J'ai trop **hâte** ! Papa et maman ont accepté que je m'inscrive à condition que mes résultats scolaires n'en souffrent pas.

Depuis le passage de Mademoiselle Charlotte, notre famille s'est agrandie. Nous avons **ADOPTÉ** le chien des voisins! C'est une femelle. Nous l'avons nommée *La Belle*, en souvenir de Mademoiselle Charlotte. Nos voisins sont soulagés et La Belle est tellement adorable que papa lui pardonne de mâchouiller ses souliers.

En plus de s'occuper de La Belle, Marie est bénévole tous les samedis dans un refuge pour chiens abandonnés. Didi dessine des robes de princesse de plus en plus élaborées. Maman se dit impressionnée. Albert lit et étudie autant qu'avant, mais il joue aussi aux échecs avec papa et au Monopoly avec Didi.

Fesses Pincées n'a pas été congédié.

— Il me semble que c'est ce qu'aurait souhaité Mademoiselle Charlotte, a fait valoir papa.

Basile Bousille suit des cours de chant. Il est beaucoup plus gai qu'avant. C'est même lui qui remplace Mademoiselle Charlotte ! Il a enfin compris qu'il est là pour nous **aider**, pas pour nous mener par le bout du nez.

Notre majordome s'est pris d'affection pour La Belle. Marie souhaite qu'on **ADOPTE** un deuxième chien, un mâle qui s'appellerait La Bête.
Et Fesses Pincées milite en sa faveur.

Mademoiselle Anastasie a modifié nos menus. Tous les jeudis, nous mangeons des crapoutis. Papa adore ça, mais il n'a pas encore osé en servir à ses distingués invités. Albert multiplie les expériences pour trouver la recette du smalalamiam et aussi celle de la sauce secrète verte.

Honnêtement, tout est beaucoup mieux qu'avant, mais on s'ennuie terriblement de Mademoiselle Charlotte. Depuis qu'elle nous a appris comment, je me laisse souvent aller à rêver. Et parfois, c'est à elle que je rêve.

Je la revois faisant une grimace, lisant un livre à l'envers, apportant des fleurs, inventant une histoire, embrassant maman ou éclatant de rire. Ça me fait sourire.

Quelque chose me dit qu'un jour, elle va revenir. Je ne sais pas quand. Mais je l'attends.

Fin

Dominique Demers

Comme Mademoiselle Charlotte, Dominique Demers a exercé mille métiers, mais ce qu'elle préfère, c'est écrire des livres. Son amour de l'écriture, les lecteurs le lui rendent bien en faisant de ses romans des succès populaires aussi bien que critiques. La série *Charlotte* s'est vendue au Québec et en France à près d'un demi-million d'exemplaires, sans compter les traductions ! Charlotte est même la vedette des films *La Mystérieuse Mademoiselle C.* (2002) et *L'Incomparable Mademoiselle C.* (2005). Avec cette série, Mademoiselle D. offre aux jeunes des histoires amusantes avec une héroïne aux idées folles, mais drôlement attachante et émouvante.

Adresse du site de l'auteure : **dominiquedemers.ca**

Fabio Pellegrino

Après des études au cégep du Vieux Montréal en dessin animé, Fabio Pellegrino a séjourné deux ans en Italie pour suivre une formation à l'Institut Européen de Design de Milan. À présent, il travaille principalement en animation (design de décors et de personnages), mais fait aussi un peu de tout : bande dessinée, jeux vidéo, pochettes d'albums, vêtements, *story-boards*, etc. Pour Fabio, toutes les raisons sont bonnes pour dessiner !